Laßt uns das Kind suchen

Sieger Köder

Laßt uns das Kind suchen

Mit Fotos von Winfried Aßfalg

Schwabenverlag

2., veränderte Auflage

Umschlaggestaltung, Layout und Satz: Ronald Parusel, Mössingen
Druck und Bindearbeiten: Bercker Graphischer Betrieb GmbH, Kevelaer
Printed in Germany

ISBN 3-7966-0713-6

Laßt uns das Kind suchen!

Mit dieser frohen und ermutigenden Einladung begann der Bau der Krippen, die in den letzten Jahren in den Kirchen des Pfarrers und Malers Sieger Köder im schwäbischen Hohenberg und Rosenberg entstanden sind. Zuerst gingen die Kinder mit und halfen, die ersten Figuren zu gestalten. Dann schlossen sich Frauen aus den Gemeinden an, die mit viel Liebe und Ausdauer immer wieder neue Gruppen und Szenen dazufügten, und auch Männer, die für das mehr Technische zuständig wurden. So ist es verständlich, daß viel Lokales in diesen Krippen auftaucht – Hohenberger Dorfmusikanten, Rosenberger Waldarbeiter, Jakobuspilger auf dem Weg nach Santiago de Compostela, die von der Jakobuskirche in Hohenberg aufgebrochen sind, ... alles Menschen, die auf der Suche nach dem Kind in der Krippe sind.

In diese »Suchbewegung« haben sich in der Zwischenzeit viele Besucherinnen und Besucher eingereiht, die Jahr für Jahr die immer wieder erweiterten Krippen besuchen und betrachten. Sie machen dabei überraschende Begegnungen: mit Adam und Eva, Noah und seiner Arche, mit Stammvater Abraham und König David, mit den Propheten, die das Kommen des Erlösers ankündigen, den Juden an der Klagemauer in Jerusalem, dem Circus Roncalli ... und natürlich mit den Figuren, die in keiner Krippe fehlen dürfen: den Hirten auf den

Feldern von Betlehem mit ihren Schafen, dem Engelschor, den Drei Königen mit ihrem prächtigen Gefolge und schließlich mit Maria, Josef und dem göttlichen Kind.

Um noch mehr Menschen auf diesen Weg zum Kind in der Krippe einzuladen und zu ermutigen, entstand die Idee zu diesem Buch, das neben farbenprächtigen Bildern heitere und tiefsinnige Begleitverse enthält, die der Pfarrer ursprünglich für einen Kindergottesdienst am Heiligen Abend gedichtet hat.

Die Schafe auf den Feldern Betlehems erzählen die Geschichte von der Geburt Jesu; sie wollen die Leserinnen und Leser mitnehmen auf der Suche nach dem göttlichen Kind, um dann auch einzustimmen in den Jubel:

»Wer ganz still ist, kann es hören,
das Gloria von Engelschören.
Ehre sei Gott und Frieden auf Erden
den Menschen, denen Gott gnädig will werden.«

Gertrud Widmann

Die Nummern über den Texten geben die Reihenfolge
der dazugehörenden Bilder an.

Laßt uns das Kind suchen

1

Hört es, ihr Kinder und großen Leut'!
Es war eine Nacht, gerad so wie heut.
Es war die stille, die heilige Nacht,
da hat der Herr sich kundgemacht.
Was damals geschah auf Betlehems Fluren,
das sagen euch jetzt eure Krippenfiguren.
Drum staunt und lauscht zum Himmel hinauf,
da kommen wir Engelscharen zuhauf.
Und hört, was in dieser hochheiligen Nacht
der Vater im Himmel für Freude uns macht.

2

Nicht nur oben am Himmel der Engel Glanz
verkündet es, - auch bei uns unten ganz
da, wo sich Himmel und Erde berühren,
da könnt ihr die heilige Nacht verspüren.
Wenn auch die Menschen vielleicht schon schlafen,
so ist es bei uns nicht! Nicht bei uns Schafen!
Von Betlehem bin ich ein Schaf und darum
selber ein Stück Evangelium.
Ich sage euch an, was dort ist gescheh'n,
wie wir es vom Boden aus haben geseh'n.

3

Was Engel und Schäflein euch verkünden,
das muß in die Heilige Schrift einmünden
und aus dem ersten Buch Mose heraus
wieder kommen in jedes Haus.
Die Geschichte vom verlorenen Glück
geht bis zu Adam und Eva zurück.
Sie haben, in diese Welt geboren,
den Weg zum Paradies verloren.
Sie finden die Spur nicht im wüsten Land,
der Wegweiser liegt im Wüstensand.
Zum Paradies ist es, kaum noch erkenntlich,
man kann's kaum noch lesen: plus minus unendlich.

PARADIES

4

Und Noah auch weiß nicht viel mehr
und hat's in seiner Arche schwer.
Doch schließlich gibt das Sintflutmeer
ein kleines bißchen Hoffnung her.
Der großen Hoffnung kleiner Zipfel
das ist dem Ararat sein Gipfel.
Da bremst sein Kahn, da kann er liegen,
und Noah läßt die Tauben fliegen.
Am Abend kommt die Taube wieder
und läßt auf seiner Hand sich nieder.
Den Ölzweig sie im Schnabel hält,
ein Schnabel voll Hoffnung für die Welt.

5

Daß, was wir hoffen, wir erlangen,
hat der mit glauben angefangen.
Der Mann aus Ur, der Abraham,
von dem zu uns der Glaube kam,
zu allen, die nach ihm gelebt.
So, wie der uns're Kanzel hebt
mit allen, die gepredigt haben
und uns den Glauben weitergaben,
er so durch alle Zeit und Welt
auch uns in diesem Glauben hält.

6

Da seht ganz unten ihr sein Haupt,
- darüber den, der weiterglaubt,
fest in der gleichen Sache steht:
Jesaja ist es, der Prophet.
Der gleiche Glaube ist's, der wahre,
bloß später: fünfzehnhundert Jahre.
Was Abraham im Herzen brennt,
Jesaja schreibt's auf Pergament.

7

Denn Gottes Geist bringt ihn zum Schreiben:
»Die tote Wurzel neu wird treiben.«
Aus seinem Buch wird einst gesungen:
»Für uns es ist ein Ros entsprungen,
die Wurzel zart zur halben Nacht
hat uns so klein das Blümlein bracht.«

Der da auf seinem Esel reitet
und heimlich mit dem Engel streitet,
den Engel seht ihr nicht fürwahr,
denn der ist - logo! - unsichtbar.
Der Esel nur den Engel schaut
und kniet, derweil sein Herr ihn haut,
derweil das Tier zum Menschen spricht:
»O Mensch, siehst du den Engel nicht?«,
daß er dem Engel auch begegne
und nicht mehr fluche, sondern segne.

Da ist dem blinden Mann geschehen,
daß er zuerst den Stern gesehen,
der aufgeht einst aus Jakobs Stamm,
und dann schreibt ab vom Bileam
Matthäus das, was nachher kam,
und schreibt den Stern, den ihr jetzt kennt,
hinein ins Neue Testament.

9

Wovon das Buch Jesaja schreibt,
seht, wie die Wurzel weitertreibt.
Zu diesem Baum sagt Gott sein »Ja!«
Zum Stammbaum wird der Baumstamm da.
»Stamm Isai« im deutschen heißt
»Die Wurzel Jesse« allermeist.
Des David's Vater ist's, und schon
seht drüber ihr den Isai-Sohn.
Aus solchem Zweige blüht dem Sohne
nicht nur die Harfe, auch die Krone.

Und Micha, den Propheten, sieh!
Er prophezeit die Geographie.
Er hat in seiner Prophetenhand
die Karte vom verheißenen Land.
Er weiß, es ist Klein-Betlehem
viel größer als Jerusalem,
weil Betlehem, des Davids Stadt,
in sich schon die Verheißung hat:
Aus ihr kommt einst der Völkerhirt,
der seinem Volk sein Heil sein wird.

11

Der letzte und größte vom Alten Bund,
der Täufer ruft und macht es kund
in der Wüste: »Bereitet dem Herrn den Weg,
daß es im Herzen euch etwas beweg'.
Vom Schäflein auf meinem Arm mögt ihr sehen,
wie es dem Kind wird arg ergehen.
Es nimmt, so ich es euch verkünd,
als Gottes Lamm der Welt die Sünd.
Ich muß ihn taufen
und vor ihm laufen.
Vorläufig muß ich auf ihn zeigen,
dann wird er größer, und ich darf schweigen.«

Die haben bei Babylon Türme gebaut
und da von ganz oben nach oben geschaut.
Sie warten seit dreitausend Jahren schon
auf dem Turm an den Flüssen von Babylon.
Sie wissen, ein Stern ist uns verheißen,
wenn der einmal aufgeht, müssen wir reisen.
So schauen hinauf durch das lange Rohr
Balthasar, Kaspar und Melchior.
Ist der es? Ist's der da? Sie wissen es nicht,
bis ihnen aufgeht das wahre Licht:
Der Stern ist nicht oben, der Stern ist da unten,
sie haben ihn auf der Erde gefunden.
Nach Betlehem muß es bald dann langen,
da ist im Stall der Stern aufgegangen.
So reiten jetzt los auf dem Dromedar
Kaspar, Melcher und Balthasar.

Laßt sie jetzt reiten
die ganz die Gescheiten
auf ihren Kamelen,
daß sie's Kind nicht verfehlen.
Doch vor den Gescheiten von hommen und dommen
ist der Heiland zuerst zu uns Schafen gekommen.
Wir waren die ersten, wir waren schon da,
als in der Nacht das Wunder geschah.
Drum laßt es halt uns Schafe sagen,
wie es in der Nacht sich hat zugetragen:

Das Gras hat ganz anders geschmeckt beim Fressen.
Wir haben das Fressen bald ganz vergessen.
Die Sterne haben ganz anders gestrahlt.
Geschmeckt hat die Luft ganz anders halt.
Sonst kann der Jonathan stehend schlafen
auf seine Schippe gelehnt bei uns Schafen.
Das war halt ganz anders in dieser Nacht,
da sind sogar Schäfer aufgewacht.

Sonst schläft auch fromm der Benjamin
glatt elf, zwölf Stunden vor sich hin
und hofft, daß nichts passieren wird,
und betet im Traum: Der Herr ist mein Hirt.
Mir wird nichts fehlen, er weidet mich
und läßt keinen Schäfer nicht im Stich.

17

Der Simon hat's im Traum gewußt
und drückt sein Schäflein an die Brust:
Im Haus des Herrn bin ich ein Spatz,
am Wasser ist mein Ruheplatz.
Er träumt: so wird's im Himmel sein,
Du machst den Becher voll mit Wein;
und in der Schlucht bleib ich nicht stecken,
Du bist mein Stock, Du bist mein Stecken.
So komm ich aus der Schlucht heraus,
und dann darf ich in Gottes Haus
leben lange, lange Zeit,
Zeit und alle Ewigkeit.

Doch jetzt, da wacht der Ruben auf:
Ich glaub, ich bin nicht richtig drauf,
ich glaub, ich hab es nicht gecheckt,
ich glaub, grad hot mi ebber g'weckt,
i glaub, die Nacht ist grad verkehrt.
Ja, wenn i halt wär schriftgelehrt,
no wüßt' i, ob der leise Wind
die Flügel von ma Engel sind.
Ond wenn i wär a Pharisäer
no dät i d'Engel kenna näher!
A kloiner Hirt, der woiß net guat,
halt gar net, wia a Engel duat.

A Engel isch! Von oba ra!
Ischt's, was dem Ruben da geschah.
Er hält das Lied in seiner Hand,
das heut nacht wird der Welt bekannt.
Wer jetzt ganz still ist, kann es hören,
das Gloria von Engelschören:
Ehre sei Gott und Frieden auf Erden
den Menschen, denen Gott gnädig will werden.

Das Gloria mit Trompeten und Geigen
so flattert daher der himmlische Reigen.
Sie zupfen die Klampfen, die Mandolinen
und streicheln die Saiten der Violinen.
Horch, wie der auf sei Zimbel haut,
der spielt das Kyrie - leise laut.

So will der wohl die Hirten wecken,
die immer noch im Schlafsack stecken.
Der letzte mit der langen Flöten,
der tut so laut wie drei Trompeten.
Der schießt genau auf d'Hirten runter
und macht den letzten Hirten munter
und bringt den ganzen Hirtenhaufen
in Richtung Betlehem zum Laufen.

Da springt mit seinem Stecken schon
gleich los der kleine Salomon.
Der hat von Salomo, dem König,
den Namen wenigstens ein wenig,
und läuft und läuft und hat im Lauf
den sogenannten Zacken drauf.

Und hier die Lea trägt den Krug,
wie ihn die Oma Sarah trug.
Im Stall ist's kalt, die Leut sind arm,
im Krug das Wasser ist schön warm.
So kann's dem Kindle fast nix schaden,
a Wässerle, und warm - zum Baden.

Und Daniel hat's Kindle gerne
und spielt ihm zu fein aus der Ferne,
reißt d' Augen auf, macht's B-Loch zu:
Schlaf, Kindlein, schlaf in himmlischer Ruh!

Da kommt, aus echtem Korn und Schrot,
der Schlomo, ein Mensch, ein bißchen rot,
und guckt hinein in den alten Stadel,
macht sein Mantel zu mit der Sicherheitsnadel.

Da bringt daher, sie ist ganz stolz,
s’Rebekkäle ein Arm voll Holz.
Im Stall macht’s Ofenloch sie auf,
macht’s Feuer rein, setzt Wasser drauf.
’S wird doch dem Kindle au nix schada,
i glaub, es muß scho wiedr bada.

Damit im Stall kein Hunger droht,
bringt Mama Mirjam ein Laib Brot.
Und mit ihr springt im gleichen Schritt
die kleine Jakobine mit.
Sie bringt keine Knöpflessuppe,
aber sie bringt ihre Puppe!

29

Isaak denkt, der alte Hirt:
Ob's heut nacht wohl wirklich wird,
worauf warten alle Frommen.
Wird heut' der Erlöser kommen?
Worauf alle Frommen harren,
er harrt bei dem Schäferkarren.
Dieser ist sein bestes Stück,
Eigenheim und Wohnungsglück,
Herd und Heim und Bett und und
und ein Loch, woraus der Hund

nachts hinaus zum Bellen kann.
Wenn er bellt, weiß jedermann,
daß hier irgendjemand wacht.
Fragt sich nur, wer wird heut nacht
wohl als erster munter werden,
wenn der Heiland kommt zur Erden.
Wer verspürt zuerst die Stund?
Ist's das Herrle, ist's der Hund?
Darum sieht man Isaak harren
außerhalb vom Schäferkarren.

»Hört ihr Leut und laßt euch sagen:
Fünf Uhr hat es jetzt geschlagen.
Und, wie es euch allen frommt,
macht, daß ihr nach Hause kommt.«
Dieser Wächter von der Nacht
ruft: »Macht, daß ihr Schluß jetzt macht.
Jetzt ist Sabbat, liebe Leut,
Heiliger Abend - Schluß für heut!«

31/32

Bloß da draußen, dort im Wald
schaffen sie noch lange halt,
machen Pause, - aber kaum! -
zum Verschnaufen, dort am Baum.
Kaum! Weil jeder hat sein Stolz.
Also mecht ma weiter Holz.
Der do räppelt immer munter
von dem Stamm die Rinde runter.
So wie der, so räppelt keiner,
dieses Holz kriegt mal der Schreiner,
daß davon mal eine Wiege
unser Krippenkindlein kriege.

33

Wo die Männer wild gesägt
und die Bäume umgelegt,
siehst du bald darauf, daß sacht
eine Frau in Zukunft macht,
daß, so hofft sie unbeirrt,
dies einmal ein Christbaum wird.

Wenn ma nemme schafft, wird's kalt,
des isch emmr so em Wald.
Drom mach schnell sell Fläschle auf,
gell, des treibt da Kreislauf nauf.
Mancher hot's net so mit'm Durscht
ond langt liabr noch dr Wurscht.
Abr nochher, noch dr Wurscht,
do hot au dr Done Durscht.

8

Jetzt wird's still im Wald, nur Hasen
mampfen Moos und grasen Wasen.
Stille Nacht - ein Augenblick.
Im Dorf probiert die Dorfmusik.
Der Trommler trommelt die Trommel so süß,
so trommeln sonst Engel nur - im Paradies.
Der zieht und orgelt mit Vehemenz
und ziehorgelt so die Weihnachtsequenz,
die Bläser blasen die Melodie
vom kleinen Weihnachtspottpourri.
Und die Trompete hat jetzt Paus,
und d'Spucke tropft vom Mundstück raus.
Sie drücken und blasen auf jeden Fall
den Kammerton hinein in den Stall.

Eins zum andern, Schaf zu Schaf
sagt: »Wach auf vom Winterschlaf.
Guck do nauf, guck nauf zum Himmel,
voll von Sternen ein Gewimmel.
Aber einer, - siehst den Glanz! -
den mit seim Kometenschwanz.«
Wer sein Bileam noch kennt,
weiß, der zeigt am Firmament,
daß die Welt voll Freude macht
der Morgenstern der finstern Nacht.
Ein Schäflein träumt hinauf zum Sterne.
Das andere lauscht in die Ferne
und streckt die Nase in die Luft
und schnuppert Karawanenduft
und schmeckt den Duft aus fernen Landen:
So schmecken Kameler und Elefanten.
Daß die jetzt kommen, es wird bald Zeit!
Bis zu Dreikönig isch's nemme arg weit.

Bald ist der 6. Januar,
dann wird's auch für die Dreikönig wahr,
daß sie nach Wochen, Tagen, Stunden
müde haben den Stall gefunden.
Voraus marschiert ein kleiner Mohr:
der Mohr vom König Balthasor.

Und Achmed aus dem Land der Bananen,
der trägt seinem König voraus den Fahnen.
Drei Kronen da sind - das sieht jeder gleich -
Drei Könige in ihrem Reich.
Jetzt beugt er, sonst macht er das nie,
beim Bart des Propheten, jetzt beugt er das Knie.

Und Omar reitet das Dromedar,
der trägt die andere Fahne fürwahr
und sagt zu seinem Trampeltier:
»Beug deine Knie und gleich alle vier!
Du altes Kamel, laß mich jetzt ra,
knie nieder, da sind wir, wir sind da.«

Und hinter dem großen Kamel ein ganz kleines,
das hat auf dem Höcker etwas ganz feines:
im Käfig ein Vöglein für's göttliche Kind,
viel schöner und holder als Vögelein sind.
Vermutlich sagt das Kind: »Ich befehl!
Mach auf, laß es fliegen, du altes Kamel.«

Und Jumbo kommt, der Elefant.
Er bringt den Rest vom Morgenland.
Sie kommen vielleicht von der Elfenbeinküste.
Echt, ehrlich - lauter Söhne der Wüste.
Und ein Signal ist ihre Fahne,
und das heißt: Ende der Karawane!

Sie steigen herab, und schon wird das Zelt
von lauter fleißigen Händen erstellt.
Und da Suleika mit Zimt und Zibeben,
sie rührt den Teig für die Kuchen vom Leben.
Du kannst ihn gleich ein wenig versuchen;
noch etwas fehlt zum Leben dem Kuchen:
Türkischer Honig und noch einmal Zimt,
- alles klar! und der Lebkuchen stimmt.
Und Fatme rühret um und um
noch immer in der Schüssel rum.
Kakao und Mandeln, so fängt sie an
und macht für das Kind einen Marzipan.
Jetzt schmecken die Marzipan-Dingerle
fast grad so gut wie Springerle.

Do guckt no eine raus aus'm Zelt,
eine, die wo uns arg gefällt.
Du siehst ihre Augen, ihre ganz dunklen
hinter ihrem Schleier funklen,
den sie nur ganz selten lupft.
Aber hör nur, wie sie zupft,
wenn sie in der Heiligen Nacht
Mandolinenmusik macht,
und zupft die süße Musika,
zupf, zupf mit ihrer Kithara.

Jetzt, wo die Kamele alle liegen,
da sind die Könige abgestiegen.
Jetzt, wo die Zelte alle stehen,
jetzt werden sie zur Krippe gehen.
Der Lange - König Kaspar ist das.
Er schwingt für das Kind das Weihrauchfaß.
Wo bei den Ministranten rauskommt der Rauch,
da raucht's beim König Kaspar auch.

Der Melchior kommt und sinkt in die Knie
und betet zum Kindlein hin und wie!
Eine silberne Muschel, eine Perle darin,
die gibt er jetzt dem Kindlein hin,
und Gold ein ganz Säckle dazu noch gleich,
und er spürt, wenn ich hergib, dann werde ich reich.

Und ganz zum Schluß jetzt, alles klar,
da kommt der schwarze Balthasar.
In seiner Schatulle, die glitzert und gleißt,
hat er eine Salbe, die Myrrhe heißt.
Sie heben sie auf, sie müssen sie sparen
für den Freitag in dreiunddreißig Jahren,
wenn sie das Kind dann betten hinab
und salben für sein Felsengrab.

Auf der drei Weisen Spur kommt gar
daher eine Jakobs-Pilgerschar.
Schaut einer hinauf, wo die Sterne sind,
daß der Sternenweg zeige den Weg zum Kind.
Einer schaut hinauf zum Sterne.
Die andern machen Pause - gerne!

Und diesem sein Kompaß, daß ihr es nur wißt,
der weiß genau, wo Norden ist.
Er weiß auch genau und zeigt es am besten:
Das Kind ist im Osten und ist nicht im Westen.
Und sie laufen jetzt weg vom Heil'gen Jakobus
entgegengesetzt um den halben Globus.

Santiago Bethlehem
1586 km
283 cm

Der hat eine Karte, ob der es weiß,
wie Betlehem auf spanisch heiß'?
Hat in der Kalebasse den vino,
das ist sein Trost für den Rest vom Camino.

Der letzte sitzt auf einem Stumpf
und zieht herab den Pilgerstrumpf,
denn er hat über alle Maßen
am Pilgerfuß die Pilgerblasen.
Er sticht sie auf und pflastert sie zu,
ond nex wia ULTREJA auf Betlehem zu!

Circus
Roncalli

Bethlehem
1852 Km

Ein Wanderzirkus kommt, des schnall'i,
das ist der schönste, der Roncalli!
Die Tür geht auf vom Zirkuswagen,
der August hat den steifen Kragen.
Sie streuen Sägmehl auf das Moos.
»Manege frei« und es geht los.
Und »Allez hop!« und noch ein Trick,
den Zirkusmarsch spielt die Musik.
Dann machen Clown und Harlekin
die Reverenz zum Christkind hin.

CIRCUS
RONCALLI

Da tanzt ganz schön schon eine Weile
die Columbine auf dem Seile
und balanciert ihr Gleichgewicht
und zittert auf dem Seile nicht,
weil sie die lange Stange hebt
und sozusagen fast nur schwebt.
Gleich wird sie noch ganz and're Sachen
und einen Knicks zur Krippe machen.

BETHLEHE
2852
ROM
812 km

Der Clown hat eine rote Nase.
Er bläst aus Seife eine Blase,
zwölf Blasen bläst er, aus Seife ein Traum.
Sie schweben wie Kugeln am Weihnachtsbaum,
noch schöner als Kugeln am Christbaum sind.
Sie schweben hinüber zum Krippenkind.

Ich bin bloß ein kleiner Ochs,
lieg im Stall in meiner Box
ganz allein sonst, - doch gebt acht:
anders ist heut nacht die Nacht.
Heute nacht werd ich allein
nicht mehr ganz verloren sein.

D'Tür geht auf und wer kommt rein,
's wird doch net mei Esel sein?!
Jo, des isch mei Esel - echt!
Jetzt hot dr heilige Lukas recht:
Kommt dr Esel rei beizeit,
No isch's Kendle nemme weit!

Jetzt im Stall, wie sonst noch nie
feiern wir die Liturgie.
Weil's liturgisch so sein muß,
kriegt er jetzt den Friedenskuß,
so wie es liturgisch heißt:
»Esel, - und mit deinem Geist!«

Und Maria hat da schon
Gottes eingebor'nen Sohn,
der den Himmel hat verlassen,
daß wir könnten ihn erfassen,
daß, weil er auf Erden liegt,
jedes ein Stück Himmel kriegt!
Und der heilige Josef, schaut!
Der umarmt jetzt seine Braut,
hält die Mutter und das Kind,
daß sie aufgehoben sind.

Jetzt hält an der Zeiten Lauf,
das Kind macht jetzt die Augen auf.
Hat sich an die Welt verloren,
ist als Menschensohn geboren.
Weil sein Glanz uns angelacht,
singt das Lied der stillen Nacht.

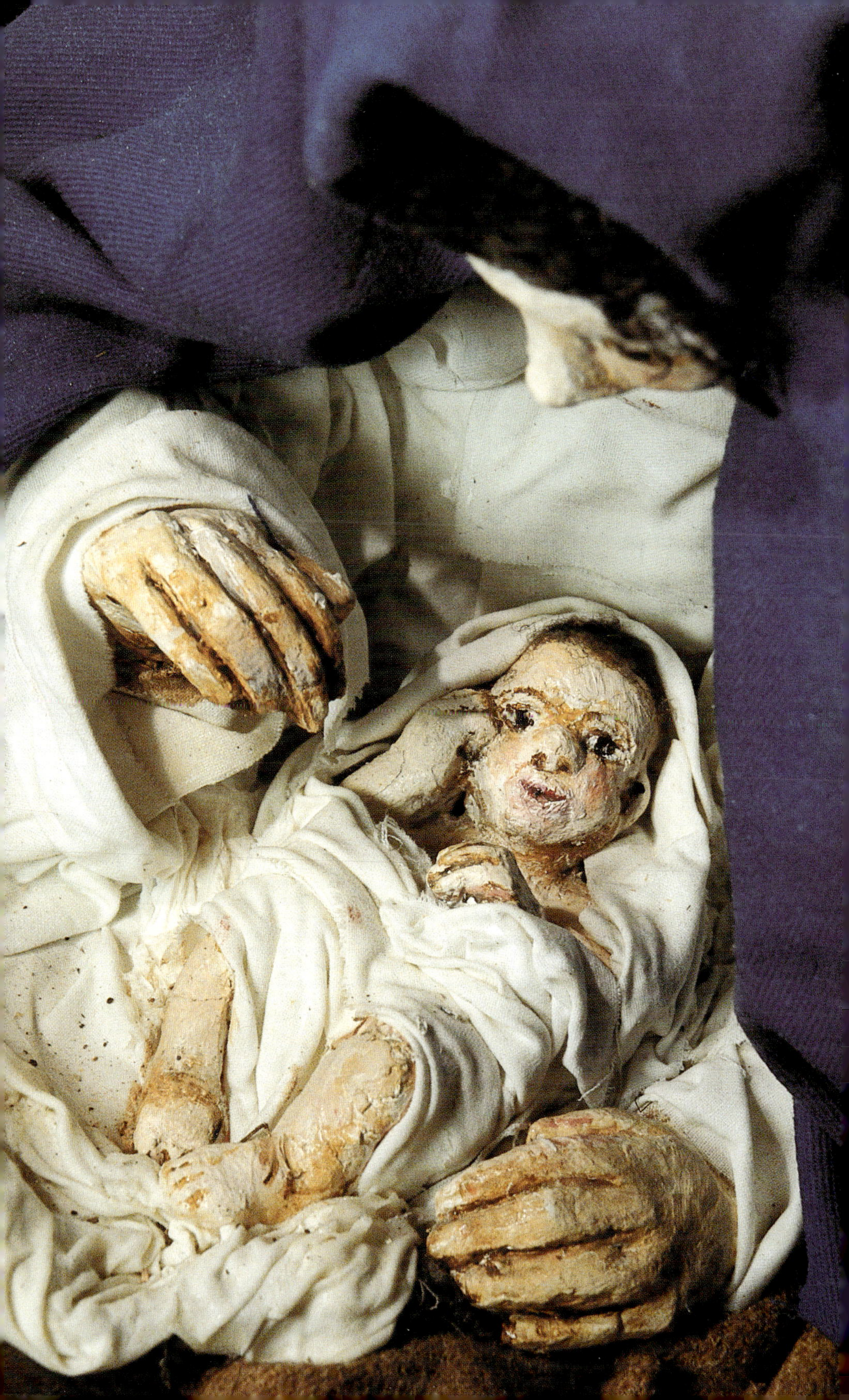

Hinweis

Die hier abgebildeten 60 Krippenmotive gibt es auch als Lichtbild-Serie mit 60 Vierfarb-Dias. Sie ist unter dem gleichnamigen Titel ebenfalls im Schwabenverlag erschienen und im Buchhandel erhältlich:

Sieger Köder
Laßt uns das Kind suchen
60 Farbdias
DM 98,-
ISBN 3-7966-0714-4

Die einzelnen Dias sind mit den Bildnummern aus dem Buch gekennzeichnet und aufeinander abgestimmt. So kann im Lesen, Hören und Schauen die »Suche nach dem Kind« zu einem eindrucksvollen Erlebnis der weihnachtlichen Zeit werden.